SUPERGAVE
Band-it!

Zin om de gaafste en coolste sieraden te maken?

Duik dan in *Band-it!*, de nieuwe rage voor coole kids! Met wat simpel gereedschap en eenvoudige patronen creëer je in een mum van tijd gave kleurrijke en superhippe armbanden, kettingen, oorbellen, riemen en andere sieraden. Maak indruk met een roze gedraaide armband (blz. 26), ga chic zwemmen met een enkelbandje (blz. 44) en draag je nieuwe visgraatarmband (blz. 20) als je gaat winkelen. Je kunt zoveel leuke dingen maken! Het enige wat je nodig hebt, is een haaknaald, elastiekjes in je lievelingskleuren, plastic clips (als sluiting) en een loom (een speciaal rekje met pinnen) zoals de Rainbow loom®/Band-it!-loom, Cra-Z-loom™ of FunLoom™. Dus waar wacht je nog op? Aan de slag!

Kijk eens wat je kunt maken!

De basisregels

Voorbeelden 4
Benodigdheden 8
De basisarmband op een loom maken 9
Patronen lezen 13
Basisarmband maken met een haaknaald ... 14
Tips en trucjes 16

Projecten

Basisarmband met kralen — 18

Visgraatarmband — 20

Stoere armband — 22

Zigzag-armband — 26

Ritsarmband — 30

Sterrenarmband — 34

Bloemen — 38

Vrolijke hangers — 42

Hand- en voetsieraden — 44

Hippieriem — 46

BESTE VRIENDINNEN

Voor-beelden

Met elastiekjes en een loom kun je van alles maken! Kettingen, ringen en enkelbandjes, in verschillende kleuren, met kraaltjes en bedeltjes. Hier zijn een paar ideeën zodat je kunt zien hoe leuk het is om je eigen sieraden van elastiekjes te maken!

Maak een ring

Een ring maak je er zo bij! Maak een armband gewoon zo kort dat hij om je vinger past. Op die manier heb je bij elke armband een bijpassende ring.

Ontwerp een ketting

Verbind verschillende snoeren met elkaar voor een chique ketting! Met deze gave ketting van drie snoeren creëer je een mooie, gelaagde look.

Gave enkelbandjes

Van een armband maak je in een wip een enkelbandje! Extra rekbare basisarmbandjes schuif je zo om je enkel en ze zitten ook nog eens lekker.

Beste vriendinnen

Samen met je beste vriendinnen kun je dezelfde armbandjes maken. Tijdens verjaardags- of logeerpartijtjes, op school of gewoon als cadeautje.

Draag je clubkleuren

Laat zien van welke sportclub je fan bent! Maak verschillende armbandjes in je clubkleuren. Misschien mag je ze zelfs tijdens de schoolsportdag dragen!

Haute couture

Met meerdere armbandjes in hetzelfde patroon maar in verschillende kleuren maak je een statement. Voor een complete look draag je er bijpassende oorbellen bij.

Maak een schattig kraagje voor je knuffel!

Hang bedeltjes aan je armband en combineer verschillende tinten!

Draag een hele rij armbandjes voor een stoere look!

Band-it!

De basisregels

Benodigdheden

Om te beginnen heb je maar een paar dingen nodig. De meeste zijn verkrijgbaar bij de hobbywinkel en looms zelfs bij de grotere ketens! Dit is wat je nodig hebt:

> Een loom voor het maken van sieraden van elastiek (zoals de Rainbow loom® of Band-it!-loom (dezelfde vorm), Cra-Z-Loom™ of FunLoom™)
> Plastic sluitclips (in C- of S-vorm)
> Elastiekjes (van 1,5 tot 2 cm doorsnede)
> Een haaknaald

Looms zijn ook verkrijgbaar als set, waar alles wat hierboven genoemd is in zit. Dat is een gemakkelijk begin! Wanneer je geen elastiekjes meer hebt (en dat is heel snel!) of als je meer kleuren wilt, ga je even naar de hobbywinkel en koop je nieuwe in allerlei kleuren. Daar kun je ook de plastic clips kopen. En die zijn ook heel snel op!

Verschillende looms hebben een verschillend aantal rijen en kolommen. Voor alle projecten en schema's in dit boek is de Rainbow loom®/Band-it!-loom gebruikt, maar maak je geen zorgen als je een andere hebt. Zolang je de schema's en instructies precies opvolgt, lukt het zeker. Je gebruikt dan alleen een aantal pinnen niet.

Een tip: als je wel een loom maar geen haaknaald hebt, is het slim om de loom mee te nemen als je een haaknaald gaat kopen. Zo kun je de maat kiezen die precies in je loom past! (een haak van 4,5 mm is prima). En misschien haakt je oma of een van de vriendinnen van je moeder wel. Leen dan een haaknaald van hen!

Kleuren die je kunt gebruiken voor je sieraden

Houd in de gaten welke nieuwe en coole kleuren er verkrijgbaar zijn in de hobbywinkel en op internet.

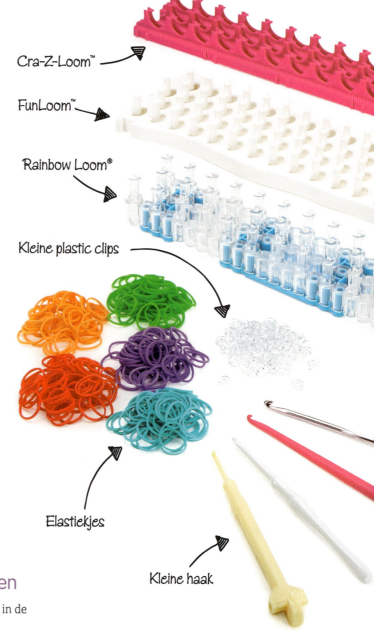

Op de foto: fuchsia, roze, rood, oranje, karamel, neonoranje, geel, transparant geel, neongroen, appelgroen, olijfgroen, donkergroen, blauwgroen, turkoois, transparant blauwgroen, zeeblauw, marineblauw, transparant blauw, paars, transparant paars, grijs, wijnrood, zwart, wit en wit dat oplicht in het donker.

De basisarmband op een loom maken

Met deze basisarmband leer je hoe je elastiekjes om de loom of breiring moet leggen en hoe je moet overhalen. Als je de slag eenmaal te pakken hebt, maak je razendsnel het ene armbandje na het andere! Volg de stap-voor-stapinstructies hieronder op en kijk ook naar het schema op blz. 13.

Je hebt nodig:
- 25 elastiekjes (in dit voorbeeld 13 paarse en 12 roze)
- 1 clip
- loom
- haaknaald

1 Zet je loom zo neer dat het pijltje naar boven wijst (van je af); de onderste pin steekt uit.

2 Leg het eerste elastiekje om de middelste pin onderaan (die het dichtst bij je is) en trek het over de onderste pin rechts.

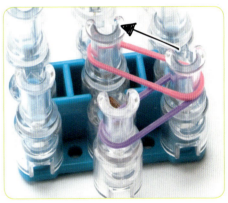

3 Leg het tweede elastiekje om de pin waar je net geëindigd bent en trek het over de pin die er linksboven ligt (de een-na-middelste pin van onderen).

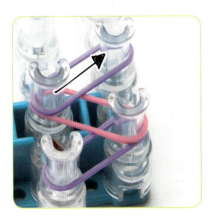

4 Leg het derde elastiekje om de pin waar je net mee geëindigd bent en trek het over de pin die er rechtsboven ligt.

5 Herhaal dit patroon tot je elastiekjes op zijn of je boven aan de loom bent aangekomen. **Begin altijd bij de pin waar je als laatste geëindigd bent.**

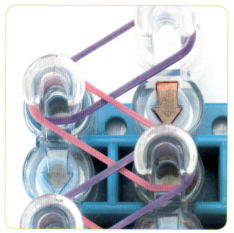

6 Nu kun je gaan overhalen! Keer je loom zodat het pijltje bovenaan **naar beneden** wijst (naar je toe).

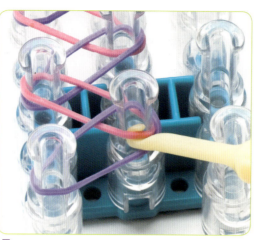

7 Begin onder aan de loom. **Steek de haaknaald in de grote lus** van het laatste elastiekje dat je hebt gelegd. Pak het een-na-laatste elastiekje dat je hebt gelegd. Zorg ervoor dat je dat **in de opening** van de pin doet.

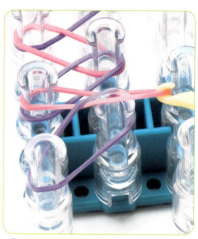

8 Til het elastiekje van de middelste pin onderaan...

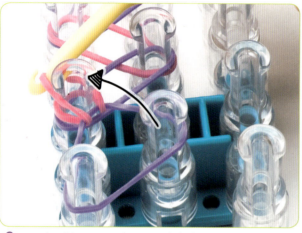

9 ... en haal het over de pin er linksboven. Dit is de pin waar het elastiekje ook omheen zit. Je haalt het elastiekje dus terug naar de pin waar het vandaan kwam.

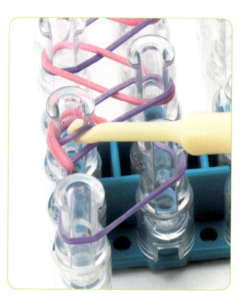

10 Steek de haaknaald nu in de opening van de pin waar je de lus net naartoe hebt overgehaald en pak het volgende elastiekje. Pas op dat je niet de lus pakt die je net gemaakt hebt!

NOOIT DOEN!
Pak een elastiekje nooit buitenom, zoals op de foto. Steek de haaknaald **ALTIJD** in de opening van de pin waar je mee bezig bent en in de elastiekjes die er al omheen zitten, zoals in stap 10.

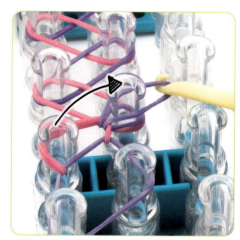

11 Haal het elastiekje over de pin waar het vandaan kwam.

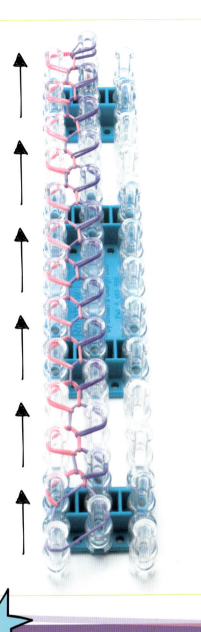

12 Herhaal deze werkwijze tot je boven aan de loom aankomt. **Steek de haaknaald altijd in de opening voor je met het volgende elastiekje begint.** Links zie je hoe de loom eruit moet zien als je klaar bent. Houd vol; nog even en het gaat vanzelf!

13 Bevestig een clip om **beide lussen** van het elastiekje dat om de middelste pin bovenaan zit; het laatste elastiekje dat je hebt overgehaald. Het gaat gemakkelijker als je het uitrekt met je vingers.

14 Houd de clip stevig vast en trek de armband pin voor pin van de loom af. Wees niet te voorzichtig, hij knapt echt niet!

15 Maak het elastiekje aan het andere eind vast aan de clip. Voilà, je hebt je eerste armbandje gemaakt!

HANDIGE TIP!
Een en al kleur

Al bij je eerste armbandje kun je creatief met kleur zijn! De volgorde van de kleuren van je armband wordt hetzelfde als de volgorde waarin je de elastiekjes om de loom hebt gelegd. Als je twee kleuren afwisselt, krijg je een tweekleurige armband; als je drie elastiekjes van één kleur achter elkaar legt, krijg je een gestreepte armband. Leg anders eerst de 25 elastiekjes op tafel neer in het patroon dat je wilt maken.

Band-it!

HANDIGE TIP!
Een andere sluiting: de kleine lus

Als je een grote lus aan het laatste elastiekje van je armbandje niet mooi vindt, kun je het anders doen. Het is wat lastig, maar wel de moeite waard! Maak een nieuw armbandje op je loom en ga dan na stap 5 (blz. 9) als volgt te werk. (Let op: de armband wordt zo wel iets strakker.)

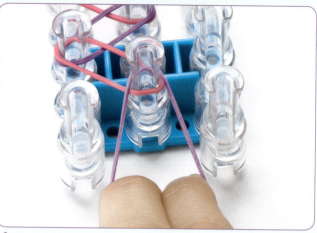

1 Keer de loom zodat het pijltje omlaag wijst. Til het elastiekje met twee vingers van de pin linksonder, maar zorg dat het wel om de een-na-laatste pin blijft zitten.

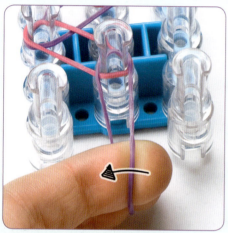

2 Draai je vingers een kwartslag naar links zodat de linkerkant van het elastiekje onder zit en de rechterkant boven. Houd de loom met je andere hand op zijn plek.

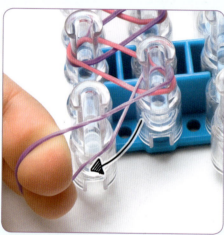

3 Wikkel het hele elastiekje om de pin linksonder...

4 ... en haal het over de middelste pin onderaan. Leg eventueel je vinger op de bovenkant van de pin linksonder om te voorkomen dat het elastiekje er afschiet.

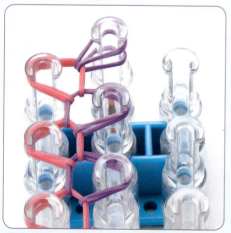

5 Ga verder met stap 7-12 (blz. 10-11). Zorg ervoor dat je je haaknaald **altijd in de opening** binnen de lussen van de laatste pin steekt. Niet buitenom gaan!

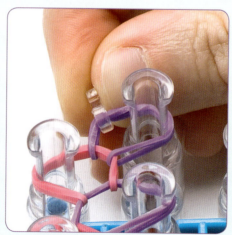

6 Pak met een clip de lussen van het elastiekje om de middelste pin bovenaan samen.

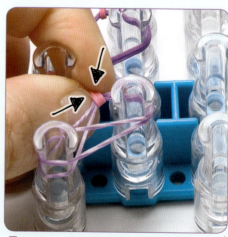

7 Knijp de lussen tussen de op een-na-onderste pin links en de middelste pin onderaan stevig tegen elkaar. Trek de armband dan van de loom af. Blijf knijpen!

8 Terwijl je blijft knijpen, trek je de grote lus die uit de kleine lus steekt los, zodat je twee vrije lussen hebt. Maak ze even groot.

9 Pak de twee lussen vast met de clip die je boven aan de loom gebruikt hebt. Nu heb je een coole symmetrische sluiting!

Patronen lezen

Nu je een basisarmband hebt gemaakt, kijken we even naar het patroon daarvoor, zodat je ook de andere patronen in dit boek kunt gebruiken. Bij de meeste projecten zit een **Zet 'm op!**-schema dat je moet volgen om te beginnen met je armbandje of sieraad. Dit noemen we de armband opzetten op de loom. Vervolgens volg je gewoon de stap-voor-stapinstructies onder het kopje **Aan de slag!** Zo simpel is het!

In het **Zet 'm op!**-schema zie je de volgorde waarin je de elastiekjes om de loom moet leggen en hoe het eruitziet wanneer je daarmee klaar bent. Elk patroon heeft een bepaalde kleurenschikking; je kunt altijd andere kleuren gebruiken, maar verander nooit de volgorde!

Zet 'm op!

Kijk eens naar dit **Zet 'm op!**-schema voor de basisarmband. Als je de stap-voor-stapinstructies op blz. 9 hebt gevolgd, heb je dit patroon helemaal zo gemaakt! Probeer eens een andere basisarmband met dit patroon te maken en kijk of het lukt!

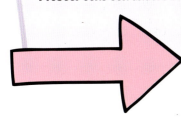

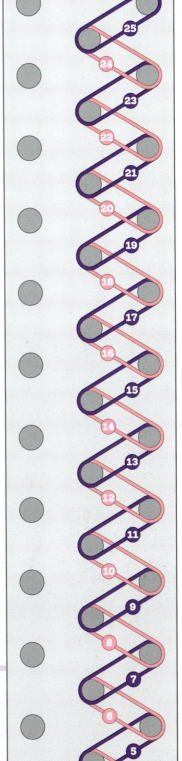

13-paars, 12-roze

Aan deze kant beginnen

Basisarmband maken met een haaknaald

Je kunt ook een basisarmband maken zonder loom. Het enige wat je nodig hebt, is een haaknaald. Met deze methode kun je de basisarmband zo lang maken als je wilt, zelfs wel van honderd schakels of meer! Deze vaardigheid komt later goed van pas wanneer je leuke hand- en voetsieraden (blz. 44) en de hippieriem (blz. 46) wilt maken. Probeer het dus maar eens!

Je hebt nodig:

9 neongroene elastiekjes

8 witte elastiekjes

8 roze elastiekjes

1 clip

1 haaknaald

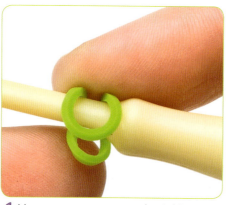

1 Vouw eerst een groen elastiekje over de haaknaald, zoals op de foto.

2 Maak de twee lussen met een clip vast om de haaknaald.

3 Leg een roze elastiekje om de haaknaald en trek het een beetje strak met je vinger.

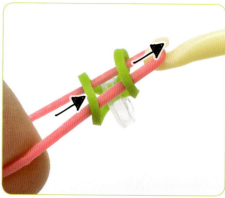

4 Trek de haaknaald met het roze elastiekje helemaal door de dubbele groene lussen heen. Houd het andere eind van het roze elastiekje vast, zodat je het niet ook door de lussen trekt.

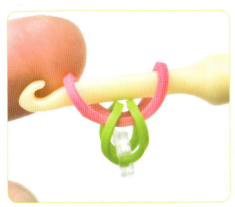

5 Schuif het gedeelte van het elastiekje dat je vasthoudt op de haaknaald. Zorg ervoor dat het niet gedraaid zit. Het groene elastiekje hangt nu onder de haaknaald.

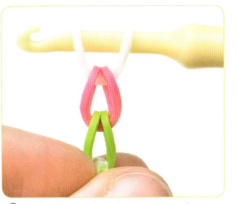

6 Herhaal stap 3-5. Zorg ervoor dat je het ene uiteinde van het volgende elastiekje door beide lussen van het tweede elastiekje trekt.

7 Schuif nu een batterij of pennendop door het eerste elastiekje met de clip. Door het gewicht hangt de armband mooi omlaag terwijl je verder werkt en gaat het veel sneller.

8 Herhaal stap 3-5 nog een keer, maar houd je haaknaald nu zo dat de haaknaald naar beneden wijst voor je hem door het elastiekje aan de haaknaald haalt. Zo glijdt het er supermakkelijk door, want het gewicht onderaan trekt de elastiekjes omlaag!

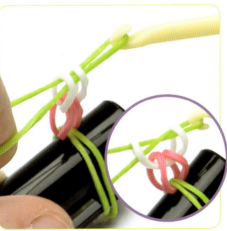

9 Draai de haaknaald weer naar boven voor je het uiteinde dat je vasthoudt overhaalt op de haaknaald. Zorg ervoor dat het elastiekje niet gedraaid zit als je dat doet.

10 Ga nu verder met schakels maken! Je kunt er zoveel maken als je wilt. Voor een armband heb je ongeveer 25 elastiekjes nodig.

11 Om de armband af te maken haal je eerst het gewicht aan de onderkant eraf.

12 Schuif beide lussen van het laatste elastiekje dat je hebt overgehaald over twee vingers.

13 Houd het elastiekje goed strak en schuif het van je vingers in de clip aan het begin van de armband. Klaar! Je hebt een basisarmband gemaakt zonder loom!

Tips en trucjes

Een knoop leggen

Bij de wat ingewikkelder armbanden in dit boek moet je een knoop aan het eind leggen vanwege het aantal elastiekjes aan het uiteinde. Je kunt niet zomaar zes of acht elastiekjes in een clip schuiven. Hier laten we je zien hoe je een eenvoudige, maar stevige knoop legt. In het voorbeeld maak je net een armband af met zes elastiekjes aan de bovenkant die je met elkaar moet verbinden. Lees dit stukje nog maar eens door als je bezig bent met een armband waar een knoop in moet (zoals de driedubbele armband op blz. 22).

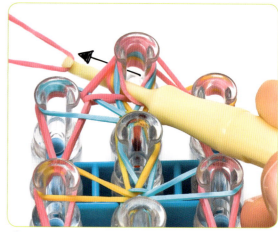

1 Steek de haaknaald via de opening van de laatste pin onder alle elastiekjes door. Neem een nieuw elastiekje (een sluitelastiekje) en haak dat aan de haaknaald. Schuif het andere uiteinde van het elastiekje stevig om je vinger.

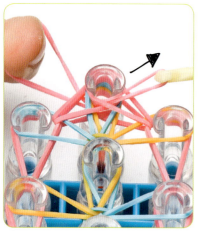

2 Trek de haaknaald helemaal door de pin heen. Zorg ervoor dat je de andere elastiekjes niet meetrekt.

3 Haal het elastiekje om je vinger over op de haaknaald, tot **achter** het elastiekje dat er al ligt. Druk het met je vinger tegen de haaknaald, zodat je de twee lussen niet door elkaar haalt.

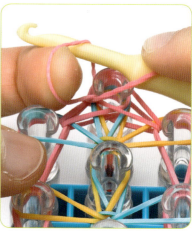

4 Pak de voorste lus – de lus die het dichtst bij de haaknaald ligt – en schuif hem op je vinger...

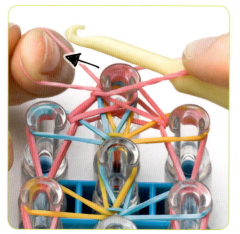

5 ... en trek hem dan van de haaknaald af.

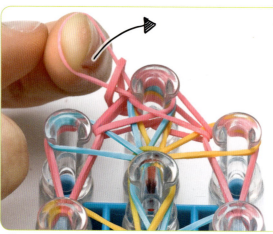

6 Schuif de andere lus nu van de haaknaald af en trek de lus om je vinger aan om de knoop dicht te trekken. Schuif tijdens het aantrekken de knoop naar de bovenkant van de pin, zodat hij mooi in het midden komt.

Extra schakels maken

Omdat de armbandjes op verschillende manieren aan elkaar geknoopt zijn, zit er soms niet veel rek in en passen ze niet om je pols. Dan heb je twee mogelijkheden: of je maakt de armband langer door twee looms te combineren (zie onder), of je voegt gewoon extra schakels toe: op dezelfde manier als bij het maken van een armband zonder loom (blz. 14-15). Omdat de meeste mensen maar één loom hebben, is het toevoegen van schakels de beste oplossing. En het is supermakkelijk! Hieronder zie je hoe het moet.

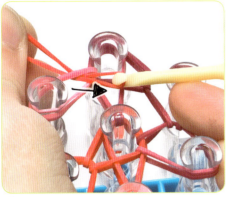

1 Begin alsof je een knoop legt door een elastiekje door de laatste pin of set elastiekjes te trekken (Een knoop leggen, stap 1-2).

2 Schuif het elastiekje van je vinger op de haaknaald, maar tot voor de lus die al op de haaknaald zit in plaats van erachter, zoals je doet voor een knoop.

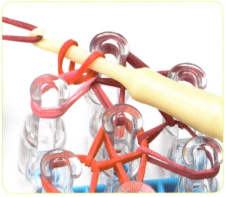

3 Maak nu schakels zoals voor de basisarmband die je met een haaknaald maakt (blz. 14-15). Leg een elastiekje om je haaknaald...

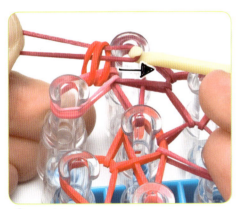

4 ... trek het ene uiteinde erdoor...

5 ... en schuif het andere uiteinde over de haaknaald.

6 Nu kun je je armband zo lang maken als je wilt, welk patroon je ook maakt!

HANDIGE TIP!
Looms combineren

Als je een lange ketting, een grote armband of een ander lang sieraad wilt maken, kun je nog een loom kopen en twee looms met elkaar verbinden. Zo kun je de lengte van je sieraad verdubbelen.

Basisarmband met kralen

Met hippe kralen geef je de basisarmband een extra dimensie! Hier leer je hoe je om en om kralen kunt toevoegen, maar je kunt er zoveel in verwerken als je zelf wilt. Experimenteer er maar mee!

Regenboogkralen

Kralenpracht (rijg aan elk elastiekje een kraal, behalve aan het laatste)

En hoe heet jij?

Je hebt nodig:

17 witte elastiekjes

1 clip

8 haarkralen

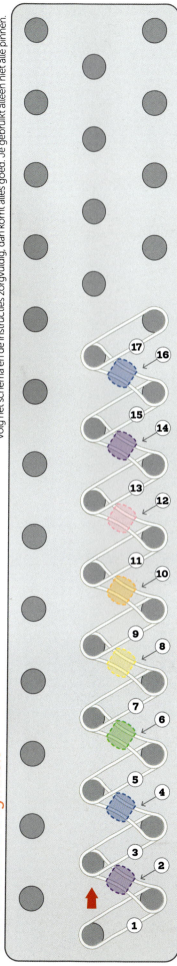

Dit is een schema voor de Rainbow loom®/Band-it!-loom, maar het geeft niets als je een andere loom gebruikt. Volg het schema en de instructies zorgvuldig, dan komt alles goed. Je gebruikt alleen niet alle pinnen.

Aan deze kant beginnen

Zet 'm op!

Leg de elastiekjes op dezelfde manier om de loom als wanneer je een basisarmband maakt (blz. 9), maar schuif om en om een haarkraal om een elastiekje voor je het om de loom legt. Schuif geen kraal om het eerste of het laatste elastiekje. Als je kralen met letters gebruikt, let dan op dat de letter aan de onderkant zit en de bovenkant naar rechtsboven wijst, anders staat je woord of naam achterstevoren!

Aan de slag!

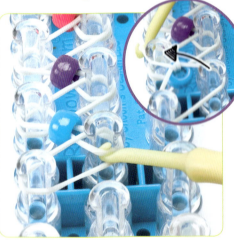

1 Zet de loom zo neer dat het pijltje omlaag wijst. Haal de elastiekjes dan over zoals bij de basisarmband. Begin met het laatste elastiekje waar een kraal aan zit. Pak het laatste elastiekje dat je om de pin hebt gelegd **van binnenuit**.

2 Haal het volgende elastiekje over, maar let op dat je je haaknaald **in de opening van de pin** steekt en binnen de lussen van het elastiekje dat je net hebt overgehaald. De kraal zal waarschijnlijk in de weg gaan zitten; duw hem omlaag met je vinger om te kunnen zien wat je doet.

3 Controleer van opzij of je het goede elastiekje te pakken hebt.

4 Haal de rest van de elastiekjes op dezelfde manier over, bevestig een clip aan de bovenkant en trek je armband van de loom af.

Band-it! 19

Visgraatarmband

Voor deze supermakkelijke armband heb je maar twee pinnen nodig, maar het effect is ontzettend cool! Maak strepen van verschillende breedtes met twee, drie of meer kleuren. Als je kralen wilt gebruiken, zoals in de Visgraatarmband met kralen, schuif je gewoon een kraaltje om het elastiekje voor je het om de loom legt. Doe tussen de kralen vier of vijf elastiekjes.

Suikerspin   Hommel   Visgraat met kralen

Je hebt nodig:

- **18** roze elastiekjes
- **15** turkooizen elastiekjes
- **15** witte elastiekjes
- **2** extra elastiekjes (maakt niet uit in welke kleur)
- **1** clip

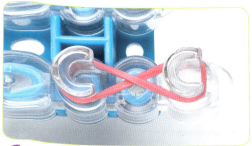

1 Leg eerst een elastiekje in een achtje om twee naast elkaar liggende pinnen. Zorg ervoor dat de openingen in de pinnen aan de rechterkant zitten; het pijltje op de loom wijst naar rechts.

2 Leg na elkaar weer twee elastiekjes om dezelfde pinnen, maar niet in een achtje.

3 Haak het onderste elastiekje om je haaknaald, links van de kruising.

4 Haal het over naar het midden.

5 Doe hetzelfde met het onderste elastiekje aan de rechterkant.

6 Het onderste elastiekje zit nu stevig om de andere twee heen.

7 Leg een nieuw elastiekje om de twee pinnen.

8 Haal het elastiekje dat nu onderaan zit op dezelfde manier als het eerste over de andere.

9 Leg weer een elastiekje om de pinnen en haal het onderste elastiekje over. Doe dit met alle elastiekjes tot de gewenste lengte. Trek de onderkant van de armband voorzichtig tussen de pinnen uit.

10 Vergeet niet op het laatst de twee extra elastiekjes om de pinnen te leggen. Bevestig dan de clip aan het laatste elastiekje dat je hebt overgehaald. Zorg ervoor dat beide lussen in de clip zitten.

11 Haak nu ook het andere uiteinde van de armband aan de clip.

12 Schuif de armband van de pinnen af en trek de twee extra elastiekje eruit.

Stoere armband

Deze armband met strepen of pijlpunten is gemakkelijk te maken. Voor een zachtere look gebruik je verschillende kleuren voor de horizontale elastiekjes en een kleur voor de verticale. Bovendien ligt deze armband mooi plat om je pols, zodat je je geen zorgen hoeft te maken dat hij gedraaid gaat zitten!

Coole kleurenblokken

Verborgen regenboog

Prachtige pijlpunten

Je hebt nodig:

12 turkooizen elastiekjes

12 neongroene elastiekjes

12 paarse elastiekjes

12 witte elastiekjes (voor de basis)

1 wit sluitelastiekje

1 clip

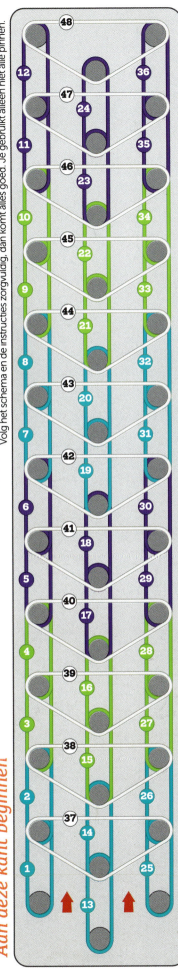

Zet 'm op!
Leg de elastiekjes volgens het schema om de drie kolommen. Leg dan de witte elastiekjes in driehoeken om drie pinnen. Let op: de onderste drie niet gebruiken!

Aan de slag!

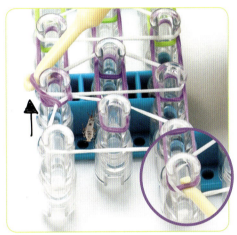

1 Zet de loom zo neer dat het pijltje omlaag wijst. Haal nu het gekleurde elastiekje linksonder **door** het witte (zie inzet) over naar de pin er direct boven.

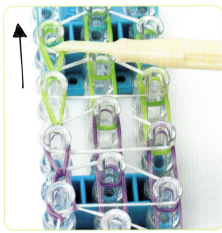

2 Haal de hele linkerkolom net zo over als in stap 1. Zorg ervoor dat je de gekleurde elastiekjes door de witte haalt, maar **niet buitenom.**

3 Haal nu de hele middelste kolom over, te beginnen bij het onderste gekleurde elastiekje.

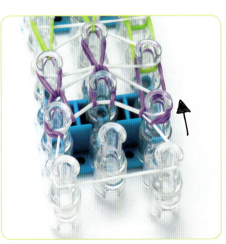

4 Haal ook de hele rechterkolom zo over. Let weer op: de gekleurde elastiekjes moet je **door** de witte elastiekjes heen halen!

Band-it! 23

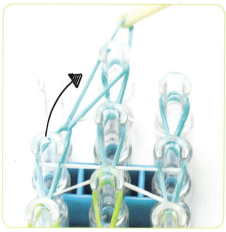

5 Boven aan de loom gekomen haal je het elastiekje van de pin linksboven over naar de middelste pin.

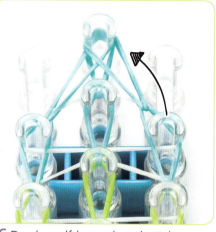

6 Doe hetzelfde met het elastiekje rechtsboven. Je hebt nu drie elastiekjes om de middelste pin zitten.

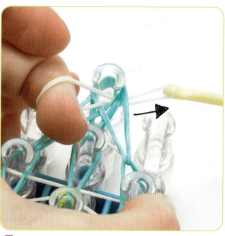

7 Maak nu met het sluitelastiekje een knoop (zie blz. 16) om alle elastiekjes om de middelste pin.

8 Tijd om je armband van de loom af te trekken!

9 Maak de uiteinden vast met een clip. Klaar is je platte armband!

HANDIGE TIP!
Clips en buigringen

Met de plastic clips kun je over het algemeen goed uit de voeten. Maar als je armbanden niet goed vast blijven zitten of als je zeker wilt weten dat je armbanden heel lang meegaan, kun je ook buigringen gebruiken. Ze zijn verkrijgbaar bij de hobbywinkel. Hoewel ze iets lastiger zijn om mee te werken – waarschijnlijk heb je er een tangetje bij nodig – zijn ze een prima alternatief als je wilt dat je creaties dag na dag mooi blijven!

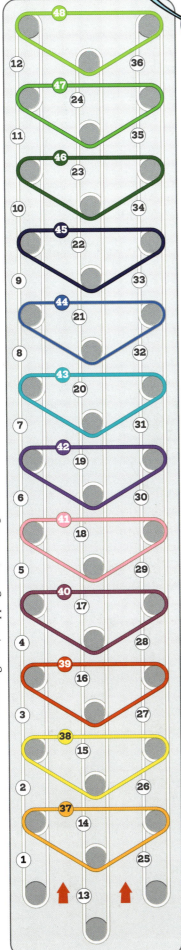

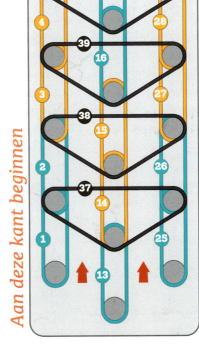

37-wit (inclusief sluitelastiekje), 1-neonoranje, 1-geel, 1-rood, 1-fuchsia, 1-roze, 1-paars, 1-turkoois, 1-zeeblauw, 1-marineblauw, 1-donkergroen, 1-appelgroen, 1-neongroen

Aan deze kant beginnen

Verborgen regenboog: deze armband zorgt voor een verrassing! Als je goed kijkt, zie je een regenboog. Het ontwerp is niet moeilijk te maken. Als contrastkleur kun je zowel wit als zwart gebruiken.

18-turkoois, 18-oranje, 13-zwart (inclusief sluitelastiekje)

Aan deze kant beginnen

Prachtige pijlpunten: als je niet van strepen houdt, probeer dan dit ontwerp! Je laat de kleuren in de middelste kolom gewoon een pin verspringen. Je krijgt dan prachtige pijlpunten die een toch al chique armband heel dynamisch maken.

Band-it! 25

Zigzag-armband

Hoe leuk is deze kleurige armband? Wissel de kleuren naar hartenlust af, precies zoals jij dat wilt! Het overhalen is een beetje lastig, maar als je goed oplet, maak je vast de allercoolste armband!

Rozen

Grasgroen en hemelsblauw

Clubkleuren

Je hebt nodig:

17 roze elastiekjes

17 fuchsia elastiekjes

16 rode elastiekjes

1 clip

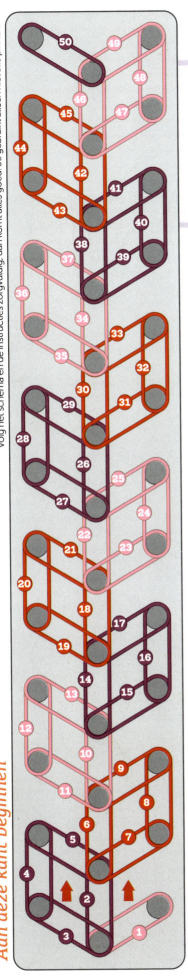

Dit is een schema voor de Rainbow loom®/Band-it!-loom, maar het geeft niets als je een andere loom gebruikt. Volg het schema en de instructies zorgvuldig, dan komt alles goed. Je gebruikt alleen niet alle pinnen.

Aan deze kant beginnen

Zet 'm op!

Leg eerst een elastiekje in kleur 1 om de pin midden onder aan de loom. Plaats vervolgens vier elastiekjes in kleur 2 zoals is aangegeven in het schema (nr. 2-5). Plaats dan vier elastiekjes in kleur 3 aan de rechterkant van de loom (nr. 6-9). Plaats nu weer elastiekjes in kleur 1 aan dezelfde kant als nr. 2-5. Ga zo door tot het einde van de loom en sluit af met een elastiekje in kleur 2 (nr. 50).

Voor je begint…

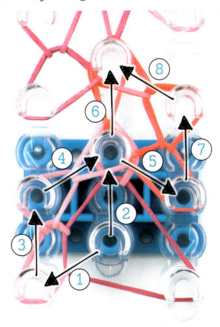

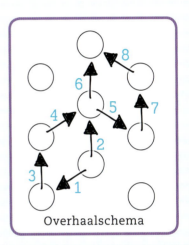

Overhaalschema

Als je het overhaalschema eenmaal snapt, is deze armband een eitje. Hij wordt gemaakt in vierkanten van 4 elastiekjes, één keer naar links, één keer naar rechts, die in totaal uit 8 overhalingen bestaan. Bekijk het schema goed en begin met stap 1.

Aan de slag!

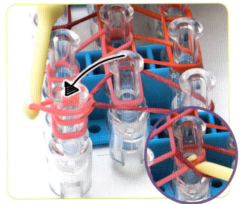

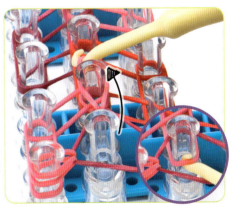

1 Zet de loom zo neer dat het pijltje omlaag wijst. **Lus ①**: haal het bovenste roze elastiekje van de middelste pin onderaan over de pin links onderaan, waar het vandaan kwam.

2 Lus ②: haal het andere roze elastiekje van de middelste pin onderaan over naar de pin er recht boven, waar het ook vandaan kwam.

Band-it! 27

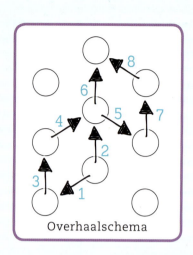

Overhaalschema

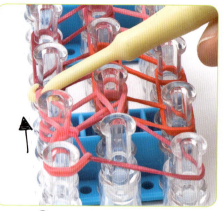

3 Lus ③: haal het onderste roze elastiekje van de pin links onderaan over naar de pin er recht boven. Zorg ervoor dat je de haaknaald **in de opening** steekt.

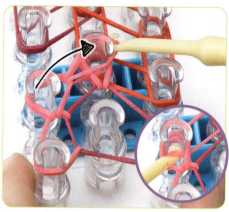

4 Lus ④: haal het onderste roze elastiekje van de pin waar je net geëindigd bent over naar de pin er rechtsboven. Nu heb je een vierkant af!

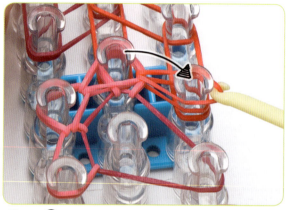

5 Lus ⑤: nu het tweede vierkant. Haal het bovenste rode elastiekje van de pin waar je net mee geëindigd bent over naar de pin er rechtsonder (waar het vandaan kwam). Vergeet niet de haaknaald in de opening te steken.

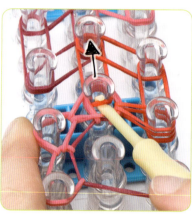

6 Lus ⑥: haal dan het andere rode elastiekje van dezelfde pin waar je net mee begonnen bent over naar de pin er recht boven.

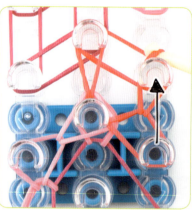

7 Lus ⑦: haal nu het onderste rode elastiekje aan de rechterkant over naar de pin er recht boven.

8 Lus ⑧: haal ten slotte het onderste rode elastiekje van de pin waar je net mee geëindigd bent over naar de pin er linksboven. Nu is het tweede vierkant af! Herhaal dit patroon van 4 overhalingen aan de linkerkant en 4 overhalingen aan de rechterkant. Kijk goed naar het schema!

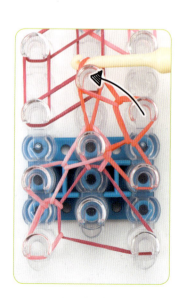

9 Haal het laatste elastiekje van de middelste pin bovenaan over naar de pin linksboven.

10 Maak eventueel extra schakels (zie blz. 17). Bevestig een clip aan de laatste schakel en trek je armband van de loom.

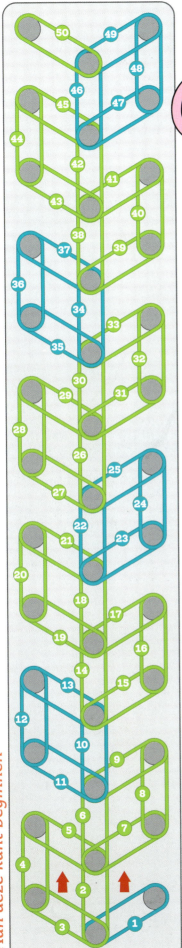

Grasgroen en hemelsblauw: geïnspireerd door de natuur! Wissel twee groene vierkanten af met een blauw vierkant. Krijg je ook al zin om naar het park te gaan?

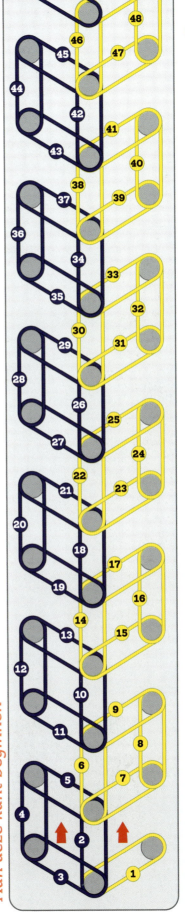

Clubkleuren: voor een armband die duidelijk laat zien van wie je fan bent, wissel je elk vierkant af in de kleuren van je favoriete sportclub. Zo ben je de hipste supporter op de tribune!

Band-it! 29

Ritsarmband

Deze rits is misschien niet zo praktisch, maar mooi is hij wel! Je kunt hem in een kleur maken, verschillende achtergrondkleuren gebruiken of kleuren afwisselen... wat je maar leuk vindt! En deze armband heeft een geheimpje... als je hem binnenstebuiten keert, krijg je er gratis een andere armband bij (zie onder). Is dat cool of niet?

Tropische verrassing

Koninklijk

Regenboog

Je hebt nodig:

- **25** roze elastiekjes
- **10** turkooizen elastiekjes
- **10** neonoranje elastiekjes
- **1** roze sluitelastiekje
- **1** clip

30 Band-it!

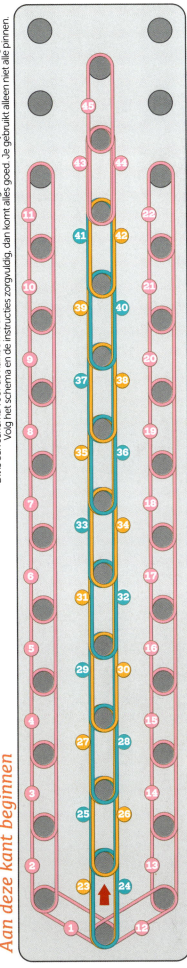

Aan deze kant beginnen

Dit is een schema voor de Rainbow loom®/Band-it!-loom, maar het geeft niets als je een andere loom gebruikt. Volg het schema en de instructies zorgvuldig, dan komt alles goed. Je gebruikt alleen niet alle pinnen.

Zet 'm op!

Leg eerst alle elastiekjes om de buitenste kolommen. Laat boven twee pinnen over. Plaats dan de elastiekjes om de middelste kolom. De truc is echter dat je er **twee** om elke twee pinnen legt! Plaats ze een voor een zodat ze niet om elkaar heen draaien. Het coole effect krijg je door blauw en oranje af te wisselen; leg om de eerste twee pinnen eerst oranje, dan blauw en om de tweede twee pinnen eerst blauw, dan oranje. Eindig met twee roze elastiekjes (nr. 43-45).

Aan de slag!

1 Zet de loom zo neer dat het pijltje omlaag wijst. Pak met je haaknaald het bovenste roze elastiekje om de op een-na-laatste pin middenonderaan. Let op dat de elastiekjes niet om elkaar heen zitten.

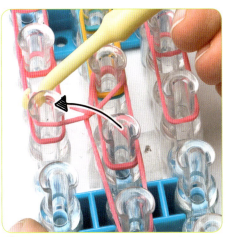

2 Haal het elastiekje over naar de pin er linksboven.

3 Steek de haaknaald onder het elastiekje om de pin waar je net begonnen bent.

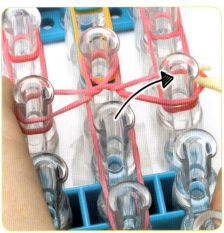

4 Haal het elastiekje over naar de pin er rechtsboven.

Band-it! 31

5 Steek de haaknaald onder het onderste elastiekje om de pin linksonderaan. Zorg ervoor dat je de haaknaald **in de opening** steekt.

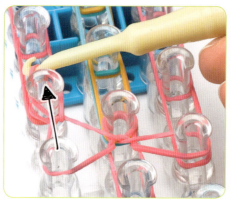

6 Haal het elastiekje over naar de pin er recht boven.

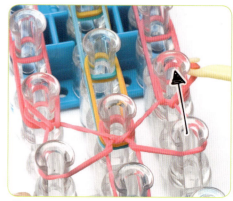

7 Haal het onderste elastiekje om de pin rechtsonderaan over naar de pin er recht boven, net zoals in stap 5-6.

8 Steek de haaknaald **in de opening** van de op twee-na-laatste pin middenonderaan en pak het oranje elastiekje.

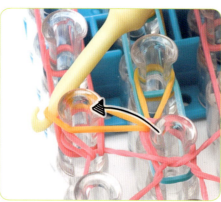

9 Haal het oranje elastiekje over naar de pin er linksboven.

10 Haal het turkooizen elastiekje van de pin waar je net bent begonnen over naar de pin er rechtsboven, net als in stap 8-9. Let op dat je **vanuit de opening werkt: GA NIET BUITEN de andere elastiekjes om!**

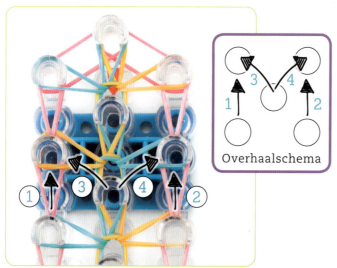

11 Herhaal deze werkwijze: haal eerst het onderste elastiekje om de linkerkolom over, dan dat om de rechterkolom; haal vervolgens het bovenste elastiekje om de middelste pin over naar die er linksboven, dan het onderste elastiekje naar de pin er rechtsboven. **Wanneer je nr. ③ en ④ overhaalt, is ③ altijd het bovenste en ④ altijd het onderste elastiekje,** ook al zijn de kleuren soms anders.

12 Haal het onderste roze elastiekje om de pin linksboven over naar de middelste pin bovenaan. Doe hetzelfde aan de rechterkant.

13 Sluit de armband met een knoop (zie blz. 16); maak hem eventueel langer (blz. 17). Trek de armband van de loom.

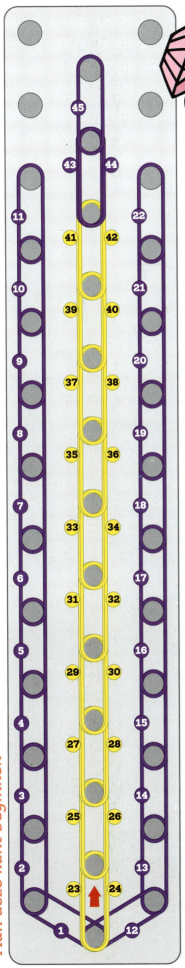

26-paars (inclusief sluitelastiekje), 20-geel

Koninklijk: in deze koninklijke kleuren voel je je een echte prinses! De armband heeft slechts twee kleuren met maar één kleur in de rits. Let goed op dat je tijdens het overhalen steeds het goede elastiekje pakt!

Aan deze kant beginnen

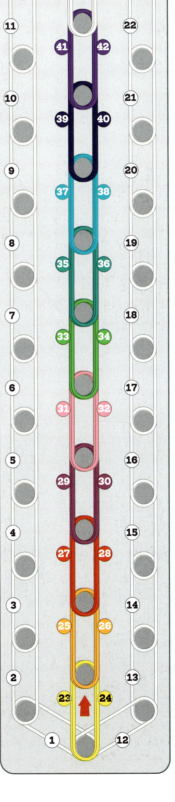

26-wit (inclusief sluitelastiekje), 2-geel, 20-neonoranje, 2-rood, 2-fuchsia, 2-roze, 2-appelgroen, 2-blauwgroen, 2-turkoois, 2-marineblauw, 2-paars

Regenboog: een ritsarmband in de kleuren van de regenboog is heel apart, dat zie je hier wel! Door de witte achtergrond springen de kleuren er echt uit.

Aan deze kant beginnen

Band-it! 33

Sterrenarmband

Deze armband is echt voor gevorderden! Begin maar met de Multikleursterren-armband, want door de verschillende kleuren kun je een stuk gemakkelijker zien wat je doet. Als je die eenmaal onder de knie hebt, kun je allerlei andere coole patronen maken!

Multikleursterren   Regenboogsterren   Pioenrozen

Je hebt nodig:

- **33** witte elastiekjes
- **6** rode elastiekjes
- **6** neonoranje elastiekjes
- **6** gele elastiekjes
- **6** appelgroene elastiekjes
- **6** turkooizen elastiekjes
- **6** paarse elastiekjes
- **1** wit sluitelastiekje
- **1** clip

Kijk!

Zet 'm op!

Het omleggen is hier vrij gemakkelijk. Leg eerst elastiekjes om de linkerkolom, dan om de rechter. Vervolgens maak je met zes elastiekjes sterren. Zorg ervoor dat je dat precies in de volgorde van het schema doet. *Als laatste stap plaats je één dubbel omgeslagen elastiekje in het midden van elke ster en eentje om de middelste pin bovenaan (nr. 63-69).* Dat is niet zo moeilijk: het gaat op dezelfde manier als wanneer je je haar met een elastiekje in een paardenstaart bindt.

Aan de slag!

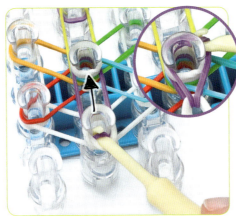

1 Zet de loom zo neer dat het pijltje omlaag wijst. Steek je haaknaald **in de opening** van de middelste pin onderaan en haal het eerste elastiekje (onder het dubbele elastiekje, hier het paarse) over naar de pin er recht boven.

2 Steek de haaknaald **in de opening** van de pin in het hart van de eerste ster. Pak het turkooizen armbandje, dat vanaf het midden naar rechtsonder loopt. Zorg ervoor dat je de haaknaald binnen de dubbel omgeslagen witte elastiekjes steekt.

3 Haal het elastiekje over naar de pin rechts onderaan, waar het ook vandaan kwam. In elke ster is dit eerste elastiekje het moeilijkst op zijn plaats te krijgen.

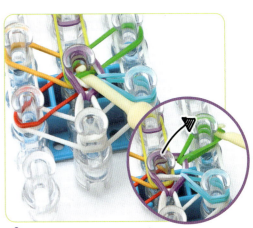

4 Steek de haaknaald **in de opening** van de middelste pin van de ster en haal het elastiekje dat vanuit het midden naar rechtsboven loopt (groen) over naar de pin er rechtsboven.

5 Haal tegen de klok in de overige elastiekjes (het zijn er nog drie) in de ster op dezelfde manier over als de eerste twee. Wanneer je klaar bent, moet het eruitzien zoals op de foto.

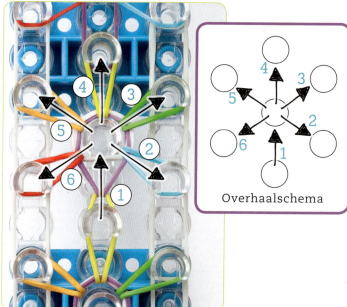

6 Hiernaast zie je het overhaalschema voor de vijf andere sterren. Begin met het overhalen van het onderste elastiekje van de ster (paars) naar het midden. Werk dan tegen de klok in verder, te beginnen met het elastiekje dat van het midden naar rechtsonder loopt (turkoois).

Overhaalschema

7 Herhaal deze werkwijze voor de andere sterren. **Steek je haaknaald altijd in de opening!**

8 Haal nu het op een-na-onderste elastiekje om de middelste pin onderaan **via de opening** over naar de pin er linksboven, waar het vandaan kwam. Let op dat je het goede elastiekje overhaalt!

9 Haal het onderste elastiekje om de pin waar je net geëindigd bent over naar de pin er recht boven. **Zorg ervoor dat je je haaknaald in de opening steekt.** Ga zo verder tot bovenaan de kolom.

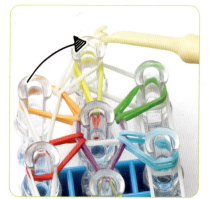

10 Haal het laatste elastiekje van de pin linksbovenaan over naar de middelste pin bovenaan.

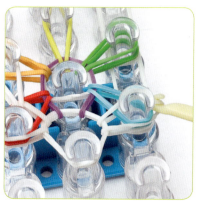

11 Begin weer onderaan bij de middelste pin, herhaal stap 8-10 voor de hele rechterkolom en haal het laatste elastiekje bovenaan over naar de middelste pin.

12 Zet de uiteinden vast met een knoop (zie blz. 16). Maak de armband eventueel langer (zie blz. 17). Trek de armband van de loom, en klaar is Kees!

34-zwart (inclusief sluitelastiekje), 6-rood, 6-neonoranje, 6-geel, 6-appelgroen, 6-turkoois, 6-paars

Regenboog: probeer voor je volgende regenboogproject eens een zwarte ondergrond. De kleuren stralen dan helderder dan de sterren aan de nachtelijke hemel!

Aan deze kant beginnen

34-blauwgroen (inclusief sluitelastiekje), 18-roze, 18-neongroen

Pioenrozen: deze armband doet denken aan bloempjes in het gras. Door de kleuren van de sterren af te wisselen krijg je een gaaf contrast.

Aan deze kant beginnen

Band-it! 37

Bloemen

Deze bloemen zijn klein maar fijn! En je kunt er van alles mee doen: als versiering om je potlood schuiven, als bedeltje aan een armband hangen, of zelfs een aantal samenbinden tot een heus boeket. Veel plezier met het leren maken van deze beauty. Ook leuk als cadeautje voor al je vriendinnen!

Zomerbloesem   Mooi roze   Madelief

Je hebt nodig:

7 neonoranje elastiekjes (middelste kleur 1)

6 donkergroene elastiekjes (blaadjes)

6 rode elastiekjes (middelste kleur 2)

1 neonoranje afsluitelastiekje

Zet 'm op!

Het schema op de volgende bladzijde is in drie lagen weergegeven zodat je het gemakkelijk kunt volgen. **Vergeet niet bij de derde laag een dubbel omgeslagen elastiekje in het midden van de ster te plaatsen.** (Zie Sterrenarmband, blz. 35.)

	Haal nr. 7-12 over naar de middelste pin.	Vergeet het dubbel omgeslagen elastiekje niet (nr. 19)!
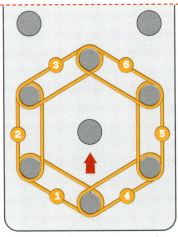	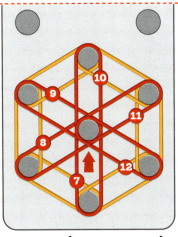	
Laag 1 (middelste kleur 1)	Laag 2 (middelste kleur 2)	Laag 3 (blaadjes)

Deze schema's zijn van de Rainbow loom®/Band-it!-loom, maar het geeft niets als je een andere loom gebruikt. Volg het schema en de instructies zorgvuldig, dan komt alles goed. Je gebruikt alleen niet alle pinnen.

Aan de slag!

1 Zet de loom zo neer dat het pijltje omlaag wijst. Steek je haaknaald **in de opening** van de middelste pin, binnen de lussen van het dubbel omgeslagen elastiekje, en haal het bovenste elastiekje (rood) dat van de middelste pin naar de pin linksboven loopt over naar de pin linksboven.

2 Haal de rest van de elastiekjes net zo over als het eerste. Werk tegen de klok in. Het volgende elastiekje gaat dus naar de pin linksonder. Steek je haaknaald altijd **in de opening** voor je het elastiekje pakt dat je wilt overhalen. Zorg dat je de elastiekjes overhaalt naar de pin waar ze vandaan kwamen.

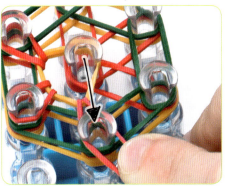

3 Het derde elastiekje van de ster, dat van de middelste pin naar de onderste pin is gespannen, is lastig over te halen omdat het snel van je haak glijdt! Probeer het anders met je vingers.

4 Nadat je de hele ster hebt overgehaald, steek je de haaknaald **in de opening** van de onderste pin en pak je het een-na-laatste elastiekje dat is gespannen van de onderste pin naar de pin daar linksboven.

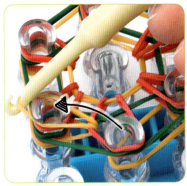

5 Haal het elastiekje over naar de pin er linksboven, waar het vandaan kwam. Let op dat je het juiste elastiekje overhaalt!

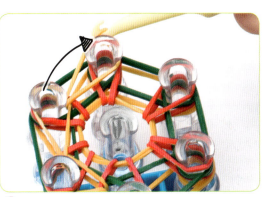

6 Haal de twee andere elastiekjes links van de zeshoek een voor een over naar de pinnen waar ze vandaan kwamen. Het eerste gaat van de pin linksonder naar linksboven; het tweede van de pin linksboven naar de middelste bovenaan. Controleer of alles goed zit.

Band-it!

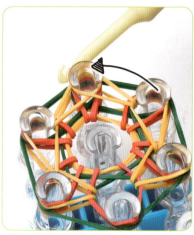

7 Haal de rechterkant van de zeshoek op dezelfde manier over als de linkerkant, te beginnen bij de onderste pin (als in stap 4-6).

8 Maak met het sluitelastiekje een knoop (zie blz. 16) aan de middelste pin bovenaan en trek de bloem van de loom. Zie je dat de blaadjes ook in de knoop zitten? Die gaan we nu losmaken.

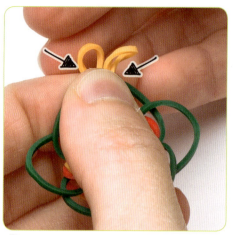

9 Maak de knoop voorzichtig los zodat de lussen los zitten. Houd de lussen met één hand goed vast.

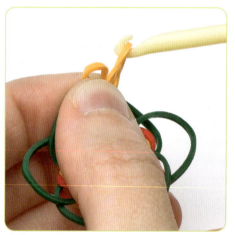

10 Pak met de haaknaald de lus die het dichtst bij je is.

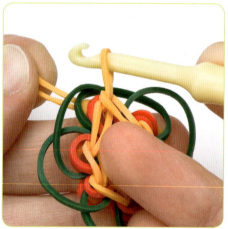

11 Houd de andere lus, die het verst van je af is, stevig in je andere hand.

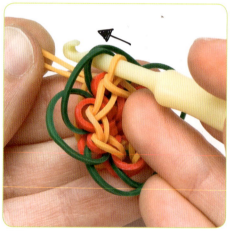

12 Steek de haaknaald door de twee naastliggende blaadjes, daar waar ze elkaar kruisen (zie foto).

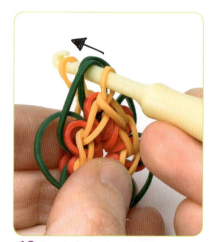

13 Steek de haaknaald door de lus van de knoop die je in je hand hebt.

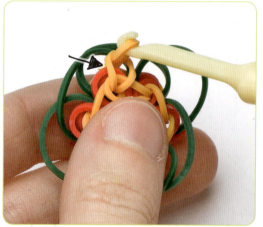

14 Trek de lus van de knoop door de blaadjes heen en dan door de andere lus van de knoop. De eerste lus van de knoop glijdt nu van de haaknaald, maar dat geeft niet.

15 Trek de knoop met de haaknaald aan. Nu heb je een nieuwe knoop. Klaar!

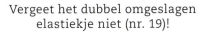

| Haal nr. 7-12 over naar de middelste pin. | Vergeet het dubbel omgeslagen elastiekje niet (nr. 19)! |

<small>14-fuchsia (inclusief sluitelastiekje), 6-roze</small>

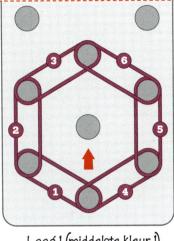
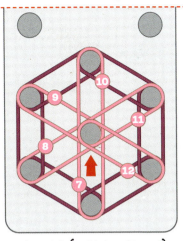
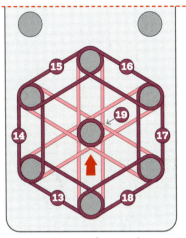

Laag 1 (middelste kleur 1)   Laag 2 (middelste kleur 2)   Laag 3 (blaadjes)

Mooi roze: door de blaadjes dezelfde kleur te geven als de binnenkant van de bloem krijg je een mooi gemengd effect. Sommige echte bloemen hebben ook zulke verschillende tinten!

| Haal nr. 7-12 over naar de middelste pin. | Vergeet het dubbel omgeslagen elastiekje niet (nr. 19)! |

<small>12-geel, 8-wit (inclusief sluitelastiekje)</small>

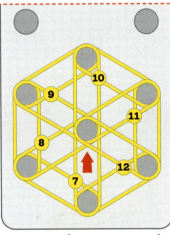
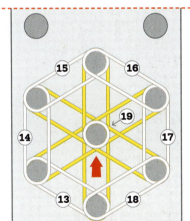

Laag 1 (middelste kleur 1)   Laag 2 (middelste kleur 2)   Laag 3 (blaadjes)

Madelief: dit madeliefje lijkt net echt! Bij deze bloem hebben alleen de blaadjes een andere kleur; de binnenste elastiekjes zijn allemaal geel, dat geeft een mooi vol effect.

Band-it! 41

Vrolijke hangers

Deze oorbellen behouden hun vorm doordat er dubbele elastiekjes gebruikt zijn, maar je kunt ze ook met enkele elastiekjes maken (zie foto onder). Nog een andere manier is om ze met maar 10 enkele elastiekjes te maken in plaats van 17 (mini-oorbellen).

Regenboogkrans

Oorbellen van enkele elastiekjes

Mini-oorbellen van enkele elastiekjes

Voor twee oorbellen heb je nodig:

- 8 witte elastiekjes
- 12 rode elastiekjes
- 8 paarse elastiekjes
- 8 zeeblauwe elastiekjes
- 8 appelgroene elastiekjes
- 8 gele elastiekjes
- 8 neonoranje elastiekjes
- 2 zwarte elastiekjes (extra, worden afgeknipt)
- 2 witte sluitelastiekjes (1 per oorbel)
- 2 oorhaakjes

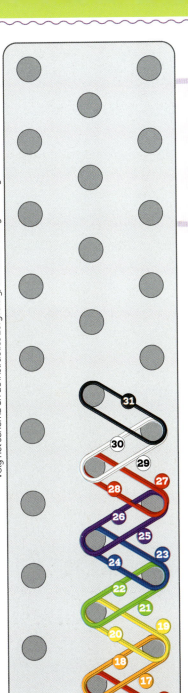

Dit is een schema voor de Rainbow loom®/Band-it!-loom, maar het geeft niets als je een andere loom gebruikt. Volg het schema en de instructies zorgvuldig, dan komt alles goed. Je gebruikt alleen niet alle pinnen.

Aan deze kant beginnen

Zet 'm op!
Leg de elastiekjes net zo om de loom als voor een basisarmband (blz. 9, stap 1-5), maar leg twee elastiekjes om elke twee pinnen in plaats van om eentje. Plaats ze een voor een en let op dat ze niet om elkaar heen draaien. Om de laatste twee pinnen leg je maar één elastiekje. Dit knip je af wanneer je klaar bent, dus kies een kleur die je niet zo vaak gebruikt.

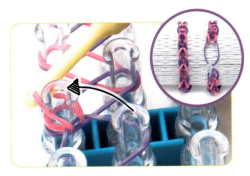

Aan de slag!

1 Keer de loom om en haal alle elastiekjes net zo over als voor de basisarmband (blz. 10-11, stap 6-12), maar pak beide elastiekjes tegelijk met de haaknaald.

2 Nadat je de laatste dubbele elastiekjes naar de middelste pin bovenaan hebt overgehaald, steek je de haaknaald door de lussen om de middelste pin bovenaan en trek je de oorbel van de loom.

3 Let op dat de oorbel niet gedraaid zit! Steek de haaknaald door alle vier lussen die aan het enkele elastiekje aan het andere uiteinde vastzitten. Doe het in de juiste volgorde; let op dat ze niet om elkaar heen draaien.

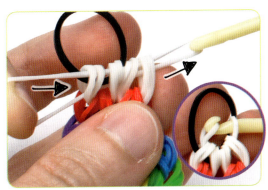

4 Trek het ene uiteinde van het sluitelastiekje door alle acht lussen op de haaknaald. Haal dan het andere uiteinde over op de haaknaald, net zoals je een schakel maakt voor een basisarmband (blz. 14-15, stap 3-5). Nu kun je het extra elastiekje doorknippen.

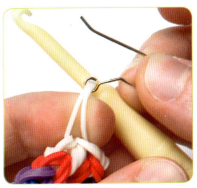

5 Bevestig de twee lussen van de laatste schakel aan het oorhaakje. Neem de oorbel van de haaknaald.

Hand- en voetsieraden

Met een hand- of voetsieraad lijk je een echte filmster! Deze sieraden van eenvoudige schakels maak je met een haaknaald. Een loom heb je niet nodig. Omdat de maat van handen en voeten bij iedereen anders is, moet je het sieraad tijdens het maken passen om te zien hoe lang het moet worden.

Supergaaf handsieraad

Je hebt nodig:

RING

 10 oranje elastiekjes

VERBINDINGSSTUK

 9 roze elastiekjes

ARMBAND

 26 oranje elastiekjes

 1 clip

TEENRING

 10 marineblauwe elastiekjes

VERBINDINGSSTUK

 9 turkooizen elastiekjes

 9 blauwgroene elastiekjes

ENKELBANDJE

 34 marineblauwe elastiekjes

 1 clip

Cool voetsieraad

Aan de slag!

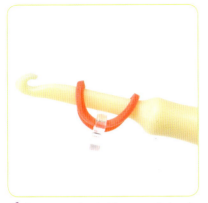

1 Leg een elastiekje over de haaknaald en zet het vast met een clip.

2 Maak 10 basisschakels (zoals op blz. 14-15) en leg de ring om je middelvinger (of je tweede teen) om te zien of hij past. Als de maat goed is, schuif je de haaknaald door de twee lussen van de eerste schakel, waar de clip aan zit.

3 Verwijder de clip en maak een basisschakel met het eerste elastiekje van de volgende kleur. Haal het door alle vier lussen op de haaknaald.

4 Maak 9 schakels met de tweede kleur, inclusief de schakel die je aan de ring gemaakt hebt. (Voor een voetsieraad maak je 18 schakels.) Doe de ring om je vinger (of teen) om te zien of de lengte goed is.

5 Maak nu 13 basisschakels met de eerste kleur. Bevestig een clip aan de laatste. (Voor een voetsieraad maak je 17 schakels.) Doe de ring om je vinger (of teen) en sla de schakels om je pols (of voet) om de maat te controleren.

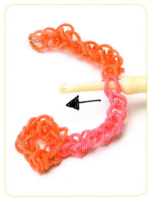

6 Steek de haaknaald in de laatste schakel van het verbindingsstuk (waar je van kleur bent veranderd).

7 Maak nog 13 basisschakels met de eerste kleur zodat je een aparte sliert krijgt die naast de eerste 13 schakels hangt. (Voor het voetsieraad maak je 17 schakels.) (Houd hetzelfde aantal schakels aan als in stap 5.)

8 Bevestig de laatste schakel die je hebt gemaakt aan de clip. Er zitten nu vier lussen aan de clip.

9 Doe het sieraad om en pas als dat nodig is de maat van de armband (of het enkelbandje) aan. Nu kun je in stijl op stap!

Band-it!

Hippieriem

Klaar om je grootste project tot nu toe te maken? Dit sieraad is stoer en stijlvol tegelijk. Je hebt er ongeveer 400 elastiekjes voor nodig, dus zorg ervoor dat je er genoeg in huis hebt! Laat je niet afschrikken door de grote hoeveelheid. De techniek is niet moeilijk, je gebruikt alleen de haaknaald (een loom is niet nodig) en ieders mond zal openvallen bij het zien van je creatie. Peace, love en elastiekjes!

Je hebt nodig:

- 50 paarse elastiekjes
- 50 appelgroene elastiekjes
- 50 karamelkleurige elastiekjes
- 50 gele elastiekjes
- 50 fuchsia elastiekjes
- 160 turkooizen elastiekjes (voor de riem)
- 1 clip

46 Band-it!

Aan de slag!

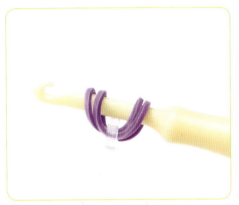

1 Leg twee elastiekjes over de haaknaald en zet ze vast met een clip (net zoals in stap 1 van de Hand- en voetsieraden, blz. 45, maar met twee elastiekjes).

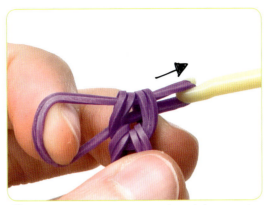

2 Maak 25 basisschakels (inclusief de eerste), maar gebruik telkens twee elastiekjes. Je moet de elastiekjes steviger vasthouden dan wanneer je er maar eentje gebruikt, maar het werkt hetzelfde.

3 Wanneer je 25 schakels hebt gemaakt, schuif je het uiteinde met de clip op de haaknaald. Verwijder de clip.

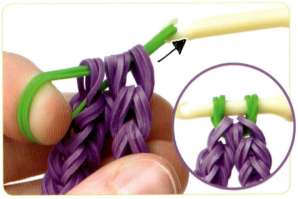

4 Trek twee elastiekjes van de volgende kleur door alle lussen op de haaknaald en maak een verbindingsschakel, net zoals bij het Hand- en voetsieraad (stap 3, blz. 45).

5 Maak nog 12 schakels met dubbele elastiekjes. Maak de laatste vast met een clip op de haaknaald en trek hem eraf.

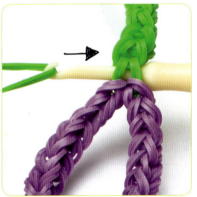

6 Steek de haaknaald door de eerste schakel van de tweede kleur en maak nog eens 12 schakels met dubbele elastiekjes.

7 Schuif het uiteinde van de sliert met de clip op de haaknaald en verwijder de clip.

8 Maak net als in stap 4 een verbindingsschakel met de volgende kleur.

9 Herhaal deze werkwijze: maak twee halve cirkels en verbind ze met elkaar (stap 5-8). Maak zo vijf cirkels.

Band-it! 47

10 Maak na de vijfde cirkel een verbindingsschakel, zoals in stap 8.

11 Maak van daaruit met dubbele elastiekjes een lange sliert van in totaal 40 basisschakels en zet het uiteinde vast met een clip. Nu is de riem voor de helft klaar. Sla hem om je middel of je heupen om te zien of hij half om je heen past. Maak er eventueel schakels bij of haal ze eraf. Zorg ervoor dat je bijhoudt hoeveel schakels je hebt gebruikt.

12 Steek de haaknaald door het midden van de eerste cirkel die je hebt gemaakt. Daar begint de andere helft van de riem.

13 Maak met dubbele elastiekjes een verbindingsschakel.

14 Maak in totaal 40 basisschakels met dubbele elastiekjes of maak er net zoveel als in stap 11.

15 Schuif het uiteinde van de eerste helft van de riem op de haaknaald. Verwijder de clip.

16 Maak nog een verbindingsschakel met dubbele elastiekjes en sluit hem met de clip. Je hebt nu de tofste riem ter wereld gemaakt!